AF554811

INSTRUCTIONS

DE

GR LE COMTE DE PARIS

AUX REPRÉSENTANTS

DU PARTI MONARCHISTE EN FRANCE

PARIS
LIBRAIRIE NATIONALE
104, AVENUE VICTOR-HUGO, 104.

1887

INSTRUCTIONS

DE

Mgr le Comte de Paris

AUX REPRÉSENTANTS

DU PARTI MONARCHISTE EN FRANCE

A de graves périls a succédé un calme apparent. L'honneur en revient principalement aux monarchistes de la Chambre. Ils ont, en effet, compris que leur rôle était déterminé par leur nombre même. S'ils n'étaient qu'une faible minorité, ils devraient se borner à d'énergiques et incessantes protestations. S'ils étaient la majorité, ils auraient à prendre la responsabilité du pouvoir. Mais, assez nombreux pour peser d'un juste poids sur les décisions de l'Assemblée, la direction des affaires n'est cependant pas entre leurs mains. Ils ne doivent donc s'occuper aujourd'hui que de défendre les intérêts conservateurs et la fortune publique, sans aggraver les crises parlementaires dont la République donne le trop fréquent spectacle. C'est ce qu'ils ont fait avec un rare patriotisme dans une récente et mémorable circonstance. Ils ont ainsi bien mérité de la France conservatrice.

Mais ce calme apparent dissimule mal les périls de l'avenir. Les considérations électorales qui dominent une Chambre, elle-même toute-puissante, stérilisent tous les efforts tentés pour rétablir l'ordre dans les finances. L'instabilité du pouvoir exécutif isole la France en Europe. La tranquillité matérielle est à peine assurée. Partout la faction triomphante opprime le reste des citoyens. Personne enfin n'a confiance dans le lendemain.

Cette situation impose d'autres devoirs aux monarchistes dans le pays. N'étant pas liés devant la nation comme ils le sont dans le Parlement, par un mandat limité, ils ont une tâche plus large à remplir. Ils doivent montrer à la France combien la Monarchie lui est nécessaire et combien le rétablissement en serait facile. Ils doivent la rassurer sur les dangers imaginaires de la transition, lui prouver que cette transition peut s'effectuer légalement. En vain le Congrès a-t-il proclamé l'éternité de la République. Ce qu'un Congrès a fait, un autre peut le défaire et le jour où la France aura manifesté clairement sa volonté, aucun obstacle de procédure n'empêchera la Monarchie de renaître.

Toutefois, instruit par une triste expérience, le pays croit peu aux transformations légales et régulières de son état politique. Son histoire, malheureusement, lui fournit trop de raisons de prévoir une de ces crises violentes qui semblent avoir pris dans notre vie nationale un caractère périodique. Si une telle crise se produit, la Monarchie peut et doit en sortir. Mais elle ne l'aura pas provoquée. La crise sera l'œuvre de certains républicains, soit que les passions et les souffrances populaires, exploitées par des ambitions criminelles, amènent des troubles civils, soit qu'une faction politique ait recours à la force pour s'emparer du pouvoir suprême. Le jour où la légalité aura été violée, la Monarchie apparaîtra comme l'instrument nécessaire du rétablissement de l'ordre et le gage de la concorde.

Mais il est bon que la France sache d'avance ce que sera cette Monarchie. Le moment est favorable pour le lui dire, pour l'avertir qu'elle ne marquera pas un retour en arrière. Il faut lui montrer que le principe de la tradition historique, avec sa merveilleuse souplesse, peut s'adapter aux institutions modernes; qu'il apportera au gouvernement de notre société démocratique l'élément pondérateur qui manque sous le régime républicain, et qu'il jouera dans cette société un rôle non moins efficace que dans les vieilles monarchies européennes qui se sont pacifiquement transformées.

Si la Monarchie capétienne a constitué l'unité et développé la puissance de la France à travers toutes les vicissitudes de notre longue histoire, c'est qu'elle a eu pour origine de sa grande mission un véritable pacte national, pacte conclu aux premières heures de cette histoire entre ceux qui représentaient alors la France naissante et la famille dont le sort devait rester uni au sien dans la mauvaise comme dans la bonne fortune. Pour fonder après tant de révolutions un gouvernement dont la base soit plus ferme et plus large qu'une simple prise de possession du pouvoir ou une délégation de la souveraineté du nombre, il faut faire revivre la tradition historique par un accord librement consenti entre la nation et la famille dépositaire de cette tradition. Cet engagement réciproque consacrant le droit historique et liant, comme tous les contrats, les générations futures, peut seul garantir à la fois la stabilité dont la France a besoin pour reprendre son rang en Europe, et la vraie liberté qui est surtout la protection des faibles.

Ce pacte ancien sera remis en vigueur, au nom de la France, soit par une Assemblée constituante, soit par le vote populaire. Par cela même qu'elle est inusitée sous la Monarchie, cette dernière forme est plus solennelle et peut mieux convenir à un acte qui ne doit pas se renouveler. Elle permet de donner, sans retards, une assise solide à la Constitution. Un gouvernement porté par l'opinion publique comme le sera la Monarchie le jour de son avènement, n'a rien à craindre de cette consultation directe de la Nation.

***

C'est au suffrage universel direct que doit appartenir le choix des députés. Grâce à son origine antique et à son établissement nouveau, la Monarchie sera assez forte pour concilier la pratique du suffrage universel avec les garanties d'ordre que lui demandera le pays dégoûté du parlementarisme républicain. Le pays voudra un gouvernement fort, parce qu'il comprend très bien que même le véritable régime parlementaire, celui qui, sous la Monarchie, a jeté tant d'éclat de 1815 à 1848, n'est pas compatible avec une Assemblée élue par le suffrage universel. Il faut modifier le mécanisme pour l'adapter à ce nouveau et puissant moteur, Sous la République, la Chambre gouverne sans contrôle. Sous la Monarchie, le roi gouverne avec le concours des Chambres.

A côté de la Chambre des députés, une autorité égale appartiendra au Sénat, en majeure partie électif, et qui réunira dans son sein les représentants des grandes forces et des grands intérêts sociaux. Entre ces deux Assemblées, la Royauté, ayant ses ministres pour interprètes, pouvant s'appuyer sur l'une ou sur l'autre, sera éclairée, guidée, mais non asservie. Il suffira d'une modification de nos pratiques parlementaires pour maintenir cet équilibre et prévenir toute domination exclusive de l'une ou l'autre Chambre. Le budget, au lieu d'être voté annuellement, sera désormais une loi ordinaire et ne pourra, par conséquent, être amendé que par l'accord des trois pouvoirs. Chaque année, la loi de finances ne comprendra que les modifications proposées par le Gouvernement au budget antérieur. Si ces propositions sont rejetées, tous les services publics ne seront pas suspendus et les intérêts privés compromis, comme par le refus du budget. Et, cependant, les vrais principes constitutionnels seront scrupuleusement respectés, car aucun nouvel impôt ne pourra être établi, aucune dépense nouvelle ne sera décidée sans le consentement des élus de la nation.

A ces élus reviendra également la tâche de discuter librement toutes les questions qui intéressent le pays, d'écouter toutes les protestations que pourra soulever l'action gouvernementale. Si ces protestations sont légitimes, ils en seront les premiers interpretes et l'adhésion de l'autre Assemblée ne leur fera pas défaut. Mais un caprice de la Chambre des députés ne pourra plus, à l'improviste, paralyser la vie publique et lapolitique nationale.

La Monarchie devra rétablir l'économie dans les finances, l'ordre dans l'administration, l'indépendance dans l'exercice de la justice. Elle devra relever pacifiquement notre situation en Europe, nous faire respecter et rechercher par nos voisins. Les Ministres qui la serviront dans cette grande entreprise, ne sauraient en poursuivre la réalisation avec persévérance s'ils ont la crainte de voir leurs efforts interrompus par un simple accident parlementaire. Ils se sentiront affranchis de cette crainte le jour où ils seront responsables, non plus devant une seule Chambre omnipotente, mais devant les trois pouvoirs investis de la puissance législative. Ainsi, les Députés, ne pouvant plus élever ou renverser les ministères, n'exerceront plus cette influence abusive qui est aussi funeste pour l'Assemblée que pour l'administration.

***

Les Constitutions ne valent que par l'esprit dans lequel elles sont appliquées. La France le sait bien. Il importe donc, avant tout, de la convaincre que la Monarchie nouvelle saura satisfaire à la fois ses besoins conservateurs et sa passion de l'égalité.

Sous la protection du gouvernement monarchique, la France pourra recouvrer dans la paix et le travail, sa prospérité d'autrefois. Grâce à la confiance inspirée par la solidité de ses institutions, elle aura l'autorité nécessaire pour traiter avec les puissances et poursuivre l'allègement simultané des charges militaires qui ruinent la vieille Europe au profit des autres parties du monde.

La Monarchie accordera à tous les cultes la protection qu'un gouvernement éclairé doit aux croyances qui consolent l'âme humaine des misères terrestres, élèvent les cœurs et fortifient les courages. Elle garantira au clergé le respect qui lui est dû pour l'accomplissement de sa mission. En restituant aux communes dans le domaine des choses scolaires, l'indépendance qu'une législation tyrannique leur a ravie, elle rendra à la France la liberté de l'éducation chrétienne. Elle assurera aux associations religieuses, comme aux autres, la liberté qui deviendra, sous certaines conditions d'ordre public, le droit commun de tous les Français, au lieu d'être, comme aujourd'hui, le privilège d'un parti. Ainsi sera rétablie la paix religieuse qu'une politique intolérante a si profondément troublée.

La Monarchie mettra les traditions militaires à l'abri des fluctuations de la politique en donnant à l'armée un chef incontesté et immuable. La permanence du commandement au sommet aura pour conséquence la solidité de la discipline à tous les degrés de la hiérarchie.

La stabilité de son gouvernement lui permettra de s'appliquer avec suite à l'étude des problèmes que soulève la condition de nos populations laborieuses des villes et des campagnes, de poursuivre l'amélioration de leur sort et d'adoucir leurs souffrances. Loin d'exciter les unes contre les autres les différentes classes qui concourent à produire la richesse nationale, elle s'efforcera de les réconcilier et d'amener ainsi la pacification sociale.

Dans notre société en transformation, une courte période de seize années a vu surgir, depuis le hameau jusqu'à la capitale, ce que les républicains ont appelé « les nouvelles couches ». Des hommes nouveaux sont arrivés en grand nombre à conquérir une part d'influence qu'ils ne possédaient pas encore. Ils l'auraient acquise sous tout autre gouvernement, car ce progrès légitime de leur condition est le fruit des bienfaits de l'instruction et de la lente ascension qui, à travers les siècles de notre histoire, a rapproché les différentes classes de la société. Mais ils croient la devoir à la République. Ils continueront à en jouir, il faut qu'ils le sachent, sous l'égide de la Monarchie. Le maintien du suffrage universel pour toutes les fonctions actuellement électives et de la nomination des maires par les conseils municipaux dans les communes rurales, sera leur principale garantie.

De même, les modestes serviteurs de l'État qui ont gagné leur situattion par leur travail ne seront pas menacés parce qu'ils la tiennent de la République. Si, d'une part, toutes les victimes de la persécution républicaine sont assurées de recevoir l'ample réparation qui leur est due, d'autre part les exploiteurs et les indignes qui avilissent leurs fonctions auront seuls à redouter l'avènement d'un pouvoir honnête et juste.

La Monarchie ne sera pas la revanche d'un parti vainqueur sur un parti vaincu, le triomphe d'une classe sur une autre classe. En élevant au-dessus de toute compétition le dépositaire du pouvoir exécutif, elle fait de lui le gardien suprême de la loi devant laquelle tous seront égaux.

Que dès aujourd'hui tous les bons citoyens, tous les patriotes dont le régime actuel a déçu les espérances, compromis les intérêts, blessé la conscience, se joignent aux ouvriers de la première heure pour préparer le salut commun ! Qu'ils secondent les efforts de celui qui sera le Roi de tous et le premier serviteur de la France !

Paris-Imp. PAUL DUPONT, 41, rue Jean-Jacques-Rousseau. — 1889.9.87.R.A

www.ingramcontent.com/pod-product-compliance
Lightning Source LLC
LaVergne TN
LVHW020507230826
846091LV00008BA/3382

* 9 7 8 2 0 1 1 7 6 6 0 2 1 *